Impressum
Verlag: BABADADA GmbH, Nedderfeld 112 , 22529 Hamburg
Geschäftsführer / Verlagsleitung: Harald Hof
Druck: Books on Demand GmbH, In de Tarpen 42, 22848 Norderstedt

Imprint
Publisher: BABADADA GmbH, Nedderfeld 112 , 22529 Hamburg, Germany
Managing Director / Publishing direction: Harald Hof
Print: Books on Demand GmbH, In de Tarpen 42, 22848 Norderstedt, Germany

Szkoła

lekol

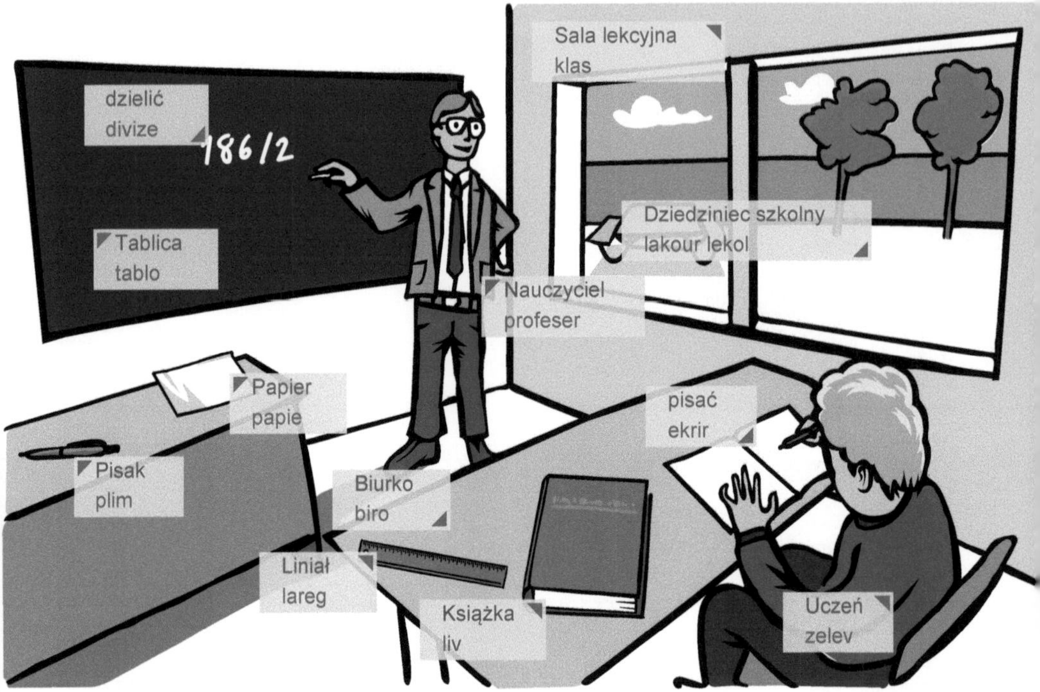

Sala lekcyjna
klas
dzielić
divize
186/2
Tablica
tablo
Dziedziniec szkolny
lakour lekol
Nauczyciel
profeser
Papier
papie
pisać
ekrir
Pisak
plim
Biurko
biro
Liniał
lareg
Książka
liv
Uczeń
zelev

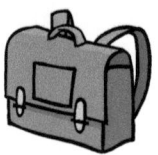

Plecak szkolny

sak lekol

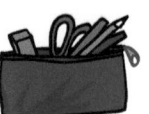

Piórnik

plimie

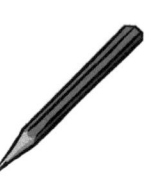

Ołówek

kreyon

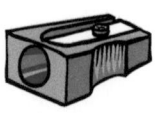

Temperówka

egizwar

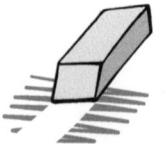

Gumka do mazania

gom

Blok rysunkowy

kaye desin

Rysunek	**Pędzel**	**Pudełko z akwarelami**
desin	pinso	bwat lapintir

Nożyce	**Klej**	**Książka do ćwiczenia**
sizo	lakol	kaye devwar
	**12**	**2+2**
Zadanie domowe	**Liczba**	**dodawać**
devwar	nimero	azoute
5-2	**2×2**	
odejmować	**mnożyć**	**liczyć**
retire	miltipliye	kalkile

Litera	**Alfabet**	**Słowo**
let	alfabet	mo

Tekst

text

czytać

lir

Kreda

lakre

Godzina

leson

Dziennik lekcyjny

rezis

Egzamin

lexame

Świadectwo

sertifika

Mundurek szkolny

iniform lekol

Wykształcenie

ledikasion

Leksykon

lansiklopedi

Uniwersytet

liniversite

Mikroskop

mikroskop

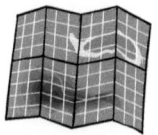

Mapa

map

Kosz na odpadki

poubel

Hotel
lotel

Grand

Schronisko
loberz

ROOMS

Kantor wymiany walut
biro sanz

EXCHANGE

Walizka
valiz

Auto
loto

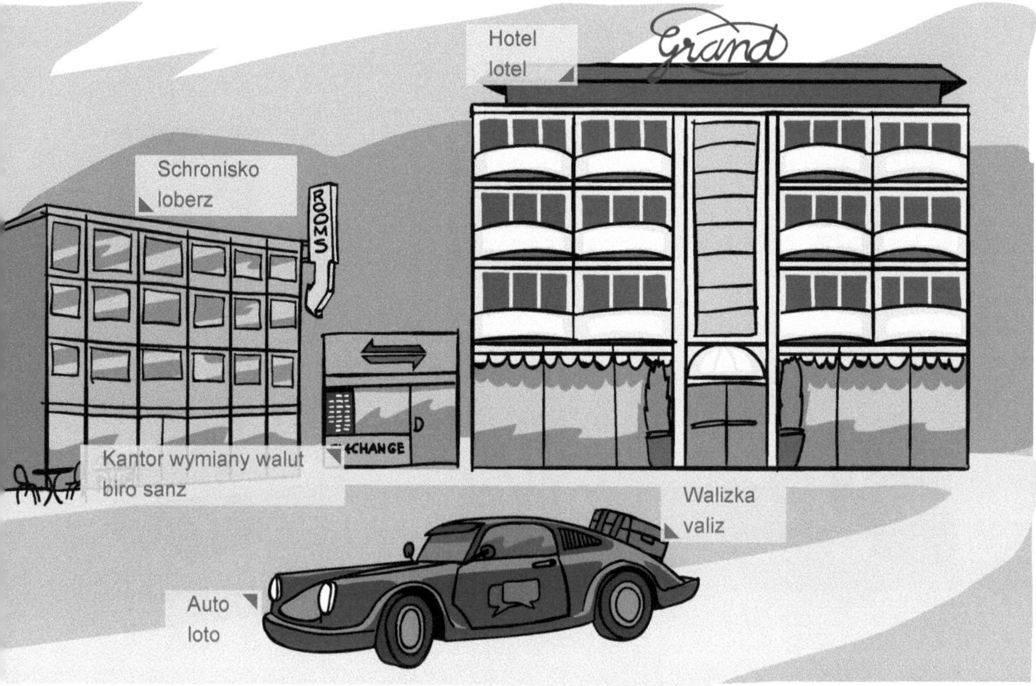

Język
langaz

tak / nie
wi / non

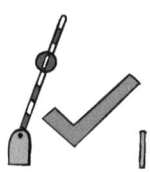

OK
okay

Halo
Alo

Tłumacz
tradikter

Dziękuję
Mersi

Ile kosztuje ...?

komie sa..?

Nie rozumiem

Mo pa pe konpran

Problem

problem

Dobry wieczór!

Bonswar!

Dzień dobry!

Bonzour!

Dobranoc!

Bonn nwi!

Do widzenia

o-revwar

Kierunek

direksion

Bagaż

bagaz

Torba

sak

Plecak

sak-a-do

Gość

ot

Pokój

pies

Śpiwór

sak kousaz

Namiot

latant

Informacja turystyczna

lofis tourism

Plaża

laplaz

Karta kredytowa

kart kredi

Śniadanie

ti-dezene

Obiad

dezene

Kolacja

dine

Bilet

biye

Winda

lasanser

Znaczek na list

tem

Granica

frontier

Cło

ladwann

Ambasada

lanbasad

Wiza

viza

Paszport

paspor

Transport
transpor

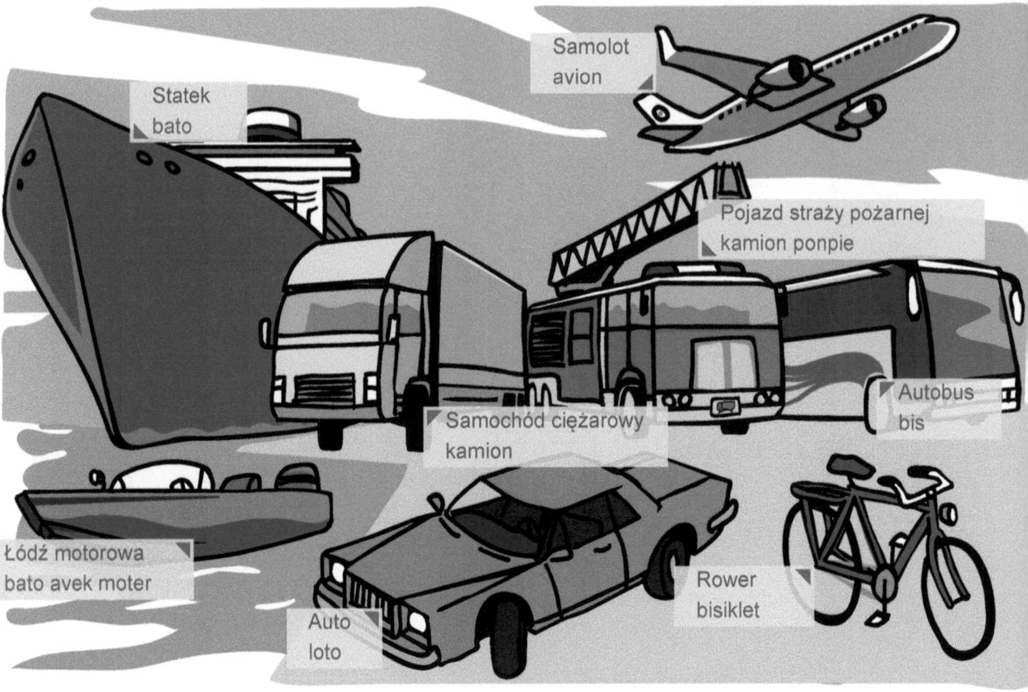

Samolot
avion
Statek
bato
Pojazd straży pożarnej
kamion ponpie
Autobus
bis
Samochód ciężarowy
kamion
Łódź motorowa
bato avek moter
Rower
bisiklet
Auto
loto

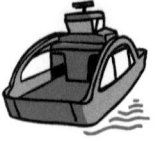

Prom

feri

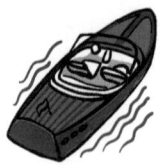

Łódź

bato

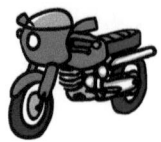

Motocykl

motosiklet

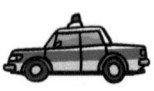

Radiowóz policyjny

loto lapolis

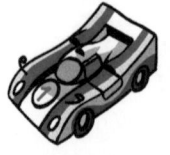

Samochód wyścigowy

loto lekours

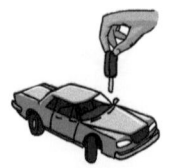

Samochód wypożyczony

loto lokasion

Wspólne przejazdy
samochodem
ko-vwatiraz

Samochód pomocy
drogowej
kamion towing

Śmieciarka
....
kamion salte

Silnik
....
moter

Benzyna
....
lesans

Stacja benzynowa
....
filing

Znak drogowy
....
pano indikasion

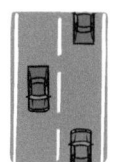

Ruch
....
trafik

Korek
....
anbouteyaz

Parking
....
parking

Dworzec
....
stasion trin

Szyny
....
ray

Pociąg
....
trin

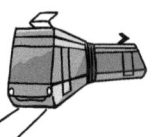

Tramwaj
....
tram

Wagon
....
vagon

Helikopter

elikopter

Lotnisko

aeropor

Wieża

towing

Pasażer

pasaze

Kontener

kontener

Karton

karton

Taczka

sario

Kosz

panie

startować / lądować

dekole / aterir

Miasto

lavil

Wieś

vilaz

Centrum miasta

sant-vil

Dom

lakaz

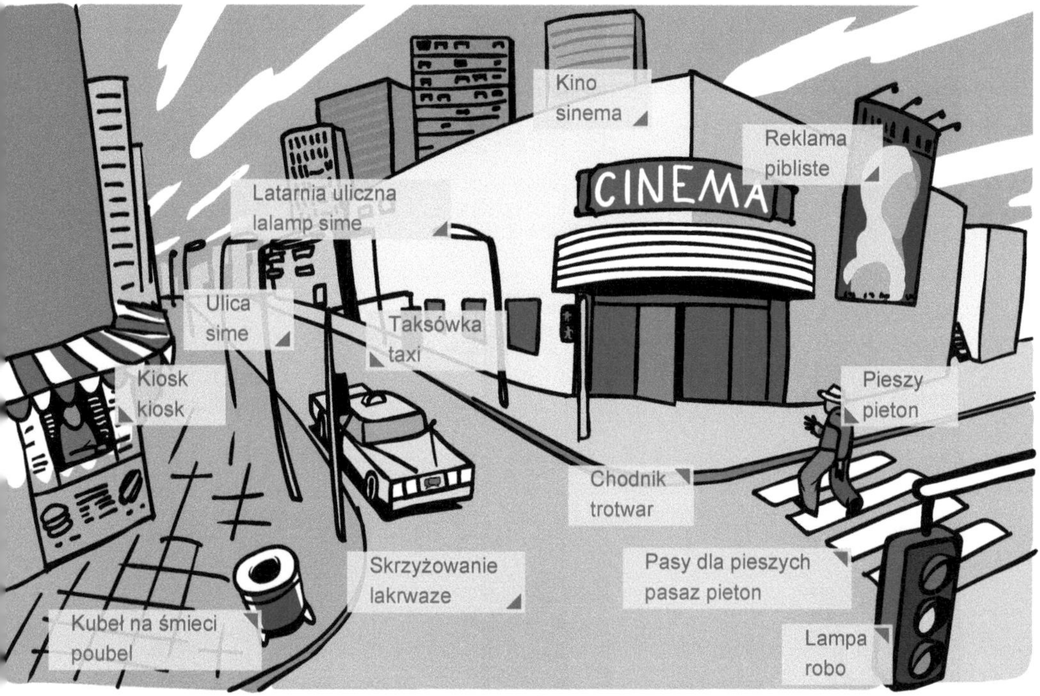

Kino
sinema

Reklama
pibliste

Latarnia uliczna
lalamp sime

CINEMA

Ulica
sime

Taksówka
taxi

Kiosk
kiosk

Pieszy
pieton

Chodnik
trotwar

Skrzyżowanie
lakrwaze

Pasy dla pieszych
pasaz pieton

Kubeł na śmieci
poubel

Lampa
robo

Chata

kabann

Mieszkanie

flat

Dworzec

stasion trin

Ratusz

minisipalite

Muzeum

mize

Szkoła

lekol

Uniwersytet	Bank	Szpital
liniversite	labank	lopital

Hotel	Apteka	Biuro
lotel	farmasi	biro

Księgarnia	Sklep	Kwiaciarnia
libreri	magazin	fleris

Supermarket	Rynek	Dom towarowy
sipermarse	bazar	gran magazin

Sklep z rybami	Centrum handlowe	Port
pwasonnri	sant komersial	lepor

Park
park

Ławka
labank

Most
pon

Schody
leskalie

Metro
metro

Tunel
tinel

Przystanek autobusowy
bistop

Bar
bar

Restauracja
restoran

Skrzynka na listy
bwat-a-let

Tabliczka z nazwą ulicy
pano

Parkometr
parkmet

Zoo
zoo

Łaźnia
pisinn

Meczet
moske

Gospodarstwo chłopskie
laferm

Zanieczyszczenie środowiska
polision

Cmentarz
simitier

Kościół
legliz

Plac zabaw
lespas pou zwe

Świątynia
tanp

Krajobraz

peizaz

Liść
fey

Drogowskaz
pano indikasion

Droga
sime

Łąka
preri

Kamień
ros

Drzewo
pie

Wędrowiec
randonner

Rzeka
larivier

Trawa
lerb

Kwiat
fler

Dolina	Góra	Jezioro
lavale	kolinn	lak
	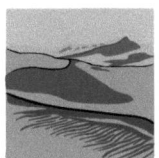	
Las	Pustynia	Wulkan
bwa	dezer	volkan

Zamek	Tęcza	Grzyb
sato	larkansiel	sanpinion

Palma	Komar	Mucha
palmie	moutik	mous

Mrówka	Pszczoła	Pająk
fourmi	abey	zarenie

Chrząszcz

koksinel

Żaba

grenouy

Wiewiórka

ekirey

Jeż

erison

Zając

lapin

Sowa

ibou

Ptak

zwazo

Łabędź

sign

Dzik

sangliye

Jeleń

serf

Łoś

elan

Tama

dam

Wiatrak

eolienn

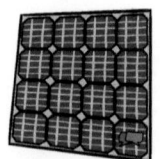

Moduł solarny

pano soler

Klimat

klima

Restauracja
restoran

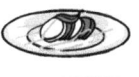

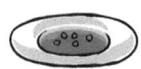

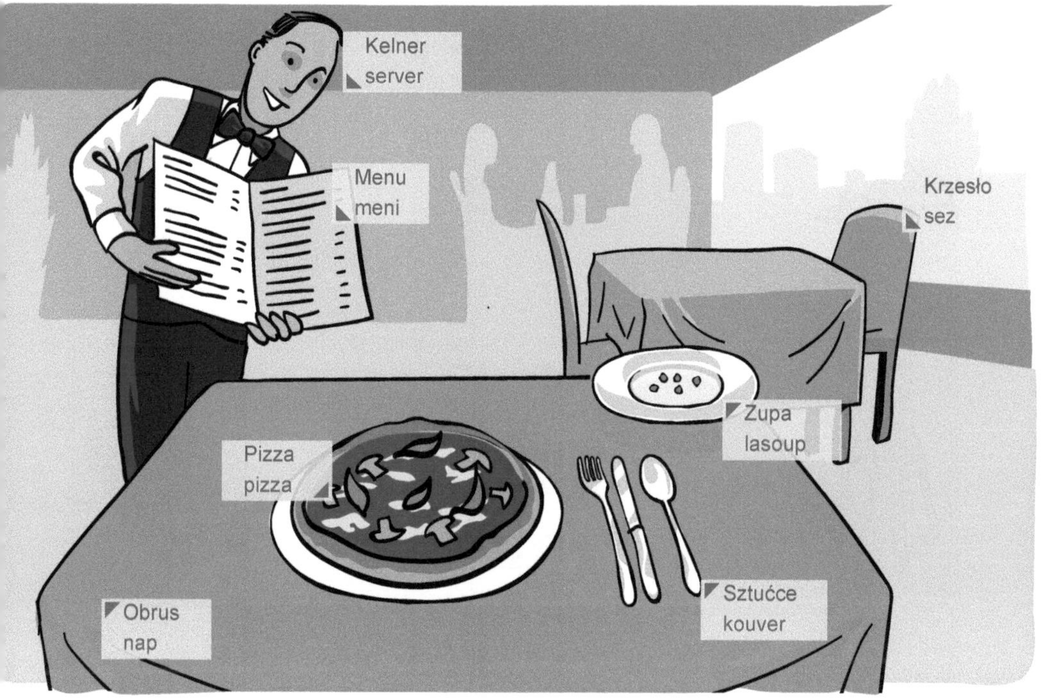
Kelner
server
Menu
meni
Krzesło
sez
Zupa
lasoup
Pizza
pizza
Obrus
nap
Sztućce
kouver

Przystawka

lantre

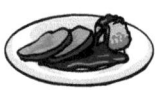

Danie główne

pla prinsipal

Deser

deser

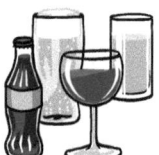

Napoje

labwason

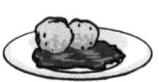

Jedzenie

manze

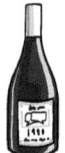

Butelka

boutey

Fastfood

fast food

Streetfood

take-away

Dzbanek na herbatę

teyer

Cukierniczka

po disik

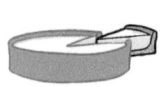

Porcja

porsion

Zaparzarka do espresso

masinn expresso

Krzesło dla dziecka

sez-ot

Rachunek

bill

Taca

plato

Noż

kouto

Widelec

fourset

Łyżka

kwiyer

Łyżeczka

ti-kwiyer

Serwetka

serviet

Szklanka

ver

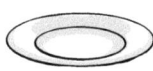

Talerz
lasiet

Talerz do zupy
lasiet

Podstawek pod filiżankę
soukoup

Sos
lasos

Solniczka
po disel

Młynek do pieprzu
moulin dipwav

Ocet
vineg

Olej
delwil

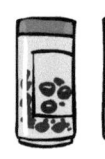

Przyprawy
zepis

Keczup
ketchup

Musztarda
lamoutard

Majonez
mayonez

Supermarket

sipermarse

Oferta
promosion
FOR
Klient
klian
Produkty mleczne
prodwi a baz dile
Owoce
frwi
Wózek sklepowy
trole

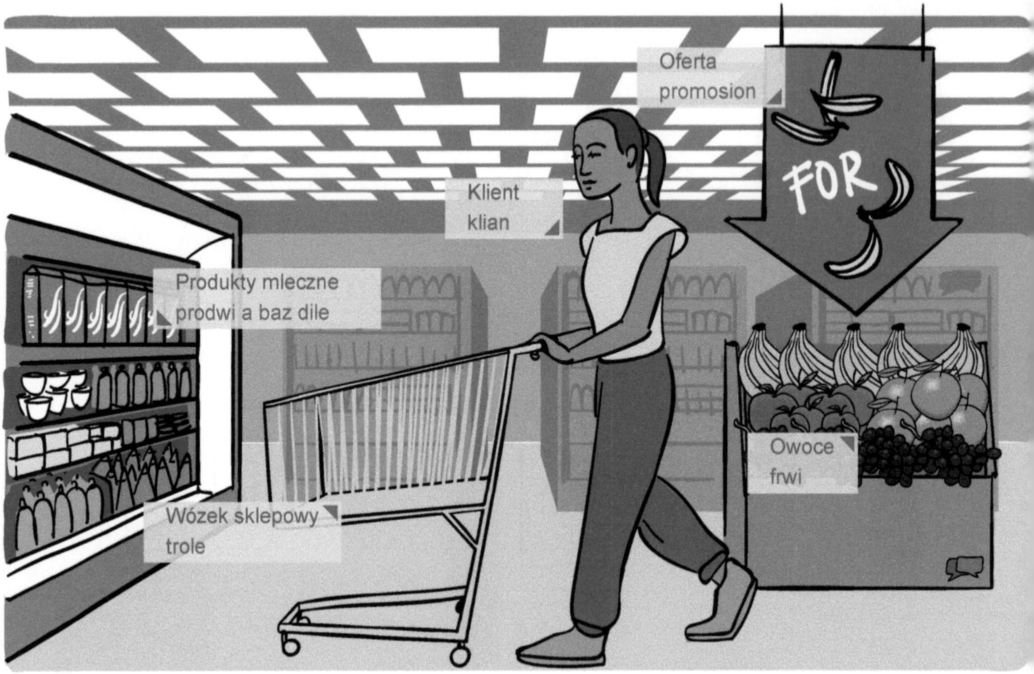

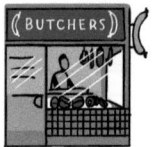

BUTCHERS

Rzeźnia

bousri

BAKERY

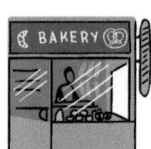

Piekarnia

boulanzri

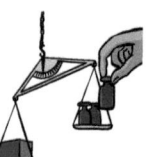

ważyć

peze

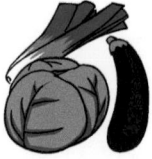

Warzywa

legim

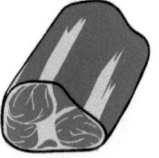

Mięso

laviann

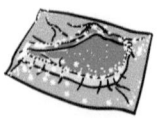

Mrożonki

aliman konzele

Wędliny

sarkitri

Konserwy

bwat konserv

Proszek m do prania

lapoud masinn

Słodycze

bonbon

Artykuły użytku domowego

komision

Środek czyszczący

deterzan

Sprzedawczyni

vandez

Kasa

lakes

Kasjer

kesie

Lista zakupów

lalis komision

Godziny otwarcia

ouvertir

Portfel

portfey

Karta kredytowa

kart kredi

Torba

sak

Torebka plastikowa

sak plastik

Woda

delo

Sok

zi

Mleko

dile

Cola

coca

Wino

divin

Piwo

labier

Alkohol

lalkol

Kakao

sokola so

Herbata

dite

Kawa

kafe

Espresso

expresso

Cappuccino

cappuccino

Banan

banann

Jabłko

pom

Pomarańcza

zoranz

Arbuz

melon

Cytryna

sitron

Marchew

karot

Czosnek

lay

Bambus

banbou

Cebula

zwayon

Grzyb

sanpiyon

Orzechy

nwazet

Makaron

minn

Spaghetti

spageti

Ryż

diri

Sałatka

salad

Frytki

chips

Ziemniaki pieczone

pomdeter frir

Pizza

pizza

Hamburger

burger

Kanapka

sandwich

Sznycel

eskalop

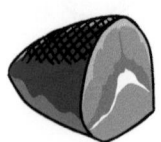

Szynka

zanbon

Salami

salami

Kiełbasa

sosis

Kura

poul

Pieczeń

roti

Ryba

pwason

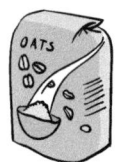		
Płatki owsiane	**Musli**	**Płatki kukurydziane**
oatmeal	muesli	kornbif

Mąka	**Croissant**	**Bułka**
lafarinn	krwasan	ti-dipin

Chleb	**Toast**	**Ciastka**
dipin	dipin griye	biskwi

Masło	**Twarożek**	**Ciasto**
diber	fromaz blan	gato
		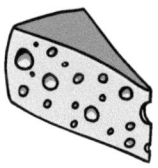
Jajko	**Jajko sadzone**	**Ser**
dizef	dizef frir	fromaz

Lody

sorbe

Cukier

disik

Miód

dimiel

Marmolada

konfitir

Krem nugatowy

nouga

Curry

kari

Gospodarstwo chłopskie

laferm

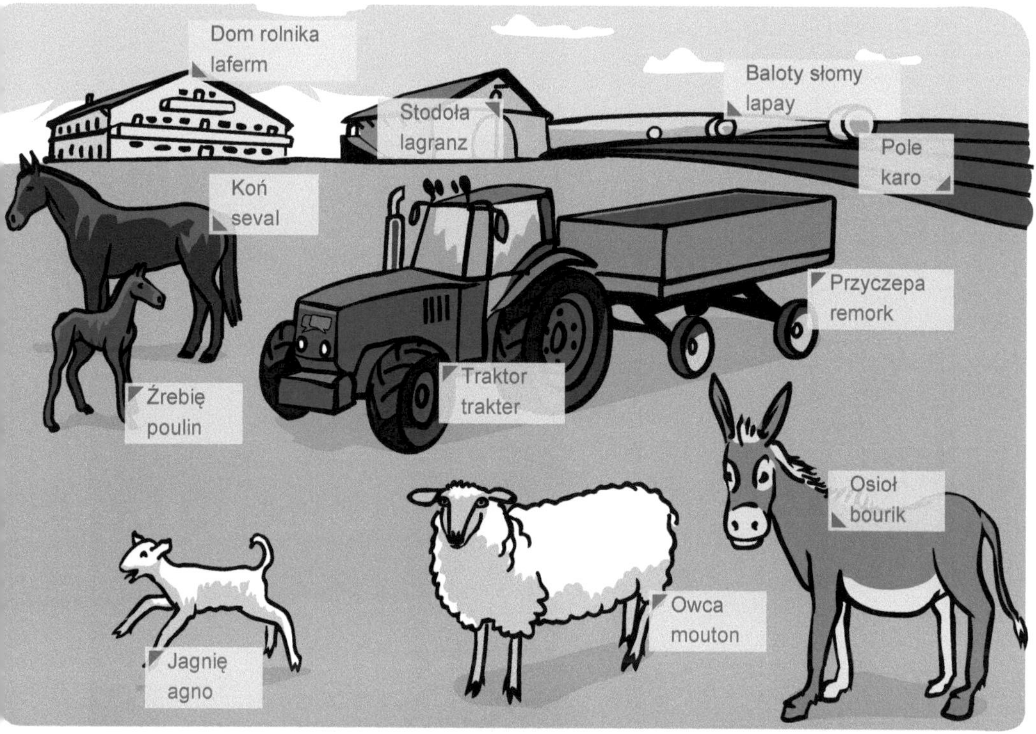
Dom rolnika
laferm
Stodoła
lagranz
Baloty słomy
lapay
Pole
karo
Koń
seval
Przyczepa
remork
Traktor
trakter
Źrebię
poulin
Osioł
bourik
Owca
mouton
Jagnię
agno

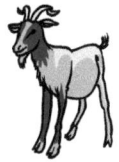

Koza

kabri

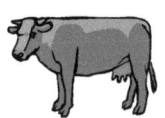

Krowa

vas

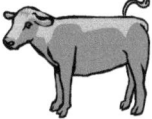

Cielę

vo

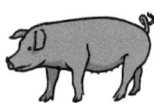

Świnia

koson

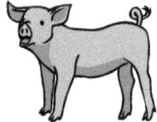

Prosię

ti-koson

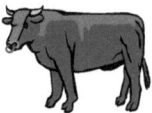

Byk

toro

Gęś

lezwa

Kaczka

kanar

Kurczątko

pousin

Kura

poul

Kogut

kok

Szczur

lera

Kot

sat

Mysz

souri

Osioł

bef

Pies

lisien

Buda dla psa

lakaz lisien

Wąż ogrodowy

tiyo

Konewka

arozwar

Kosa

laserp

Pług

saret

Sierp

fosi

Graca

pios

Widły

fours

Siekiera

lars

Taczka

bouret

Koryto

kiv

Kanka na mleko

bwat dile

Worek

sak

Płot

fencing

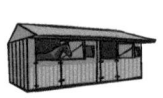

Stajnia

letab

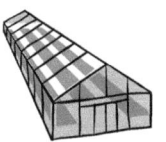

Szklarnia

laser

Ziemia

later

Nasiona

lagrin

Nawóz

langre

Kombajn zbożowy

masinn pou fer rekolt

zbierać

rekolte

Żniwa

rekolt

Podchrzyn

ignam

Pszenica

dible

Soja

soya

Ziemniak

pomdeter

Kukurydza

may

Rzepak

colza

Drzewo owocowe

zarb frwitie

Maniok

maniok

Zboże

sereal

Dom
lakaz

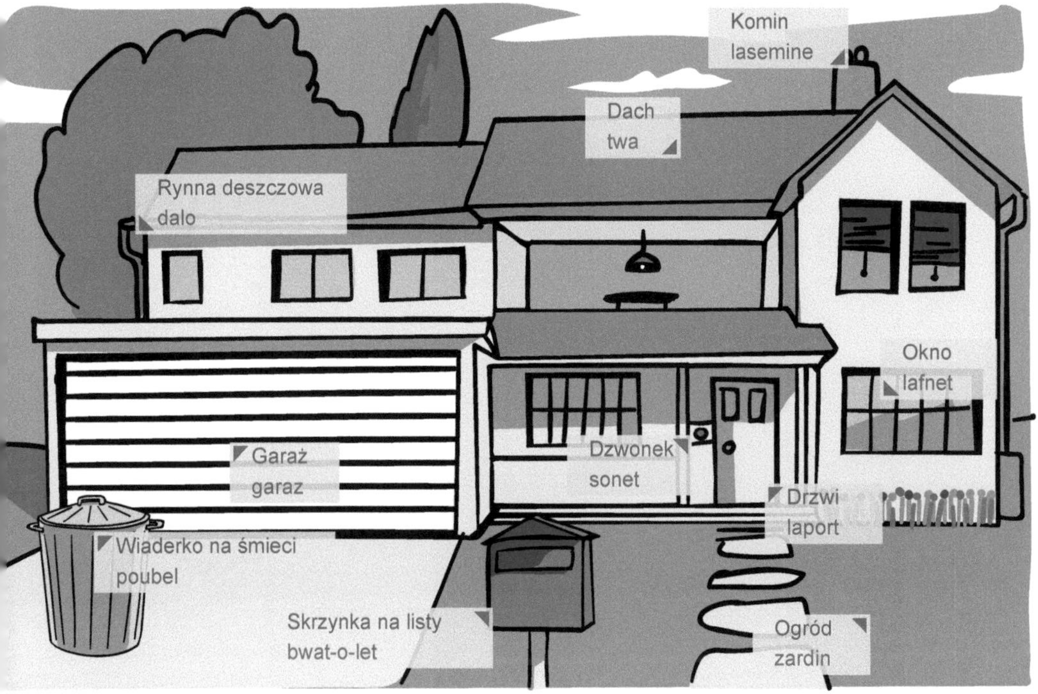
Komin
lasemine
Dach
twa
Rynna deszczowa
dalo
Okno
lafnet
Garaż
garaz
Dzwonek
sonet
Drzwi
laport
Wiaderko na śmieci
poubel
Skrzynka na listy
bwat-o-let
Ogród
zardin

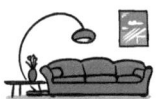

Pokój dzienny
salon

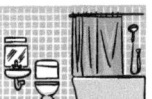

Łazienka
saldebin

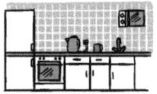

Kuchnia
lakwizinn

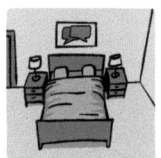

Sypialnia
lasam

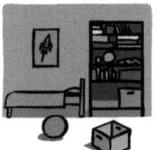

Pokój dziecięcy
lasam zanfan

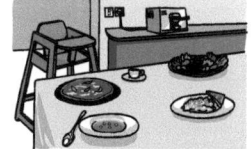

Jadalnia
salamanze

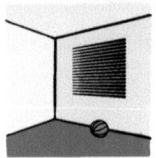

Ziemia
....
sali

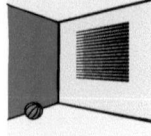

Ściana
....
miray

Koc
....
plafon

Piwnica
....
lakav

Sauna
....
sona

Balkon
....
balkon

Taras
....
teras

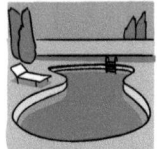

Basen
....
pisinn

Kosiarka do trawy
....
masinn koup gazon

Poszwa
....
dra

Kołdra
....
kwet

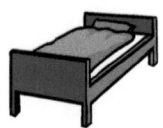

Łóżko
....
lili

Miotła
....
balie

Wiadro
....
seo

Włącznik
....
take lalimier

Pokój dzienny

salon

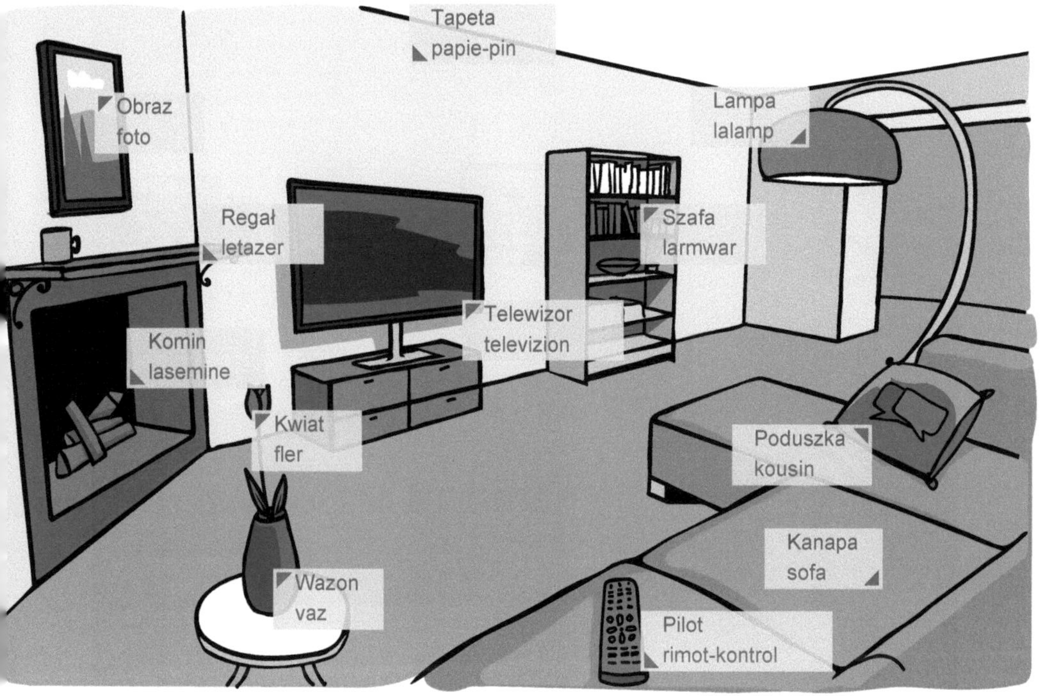

Tapeta
papie-pin
Obraz
foto
Lampa
lalamp
Regał
letazer
Szafa
larmwar
Telewizor
televizion
Komin
lasemine
Kwiat
fler
Poduszka
kousin
Kanapa
sofa
Wazon
vaz
Pilot
rimot-kontrol

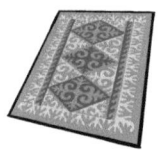

Dywan

tapi

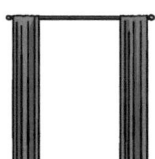

Zasłona

rido

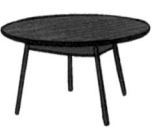

Stół

latab

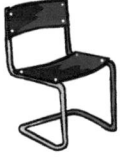

Krzesło

sez

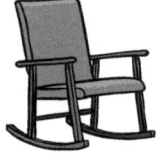

Bujak

rocking chair

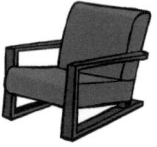

Fotel

fotey

Książka

liv

Sufit

kouvertir

Dekoracja

dekorasion

Drewno kominkowe

dibwa foye

Film

fim

Instalacja stereo

hi-fi

Klucz

lakle

Gazeta

zournal

Malunek

lapintir

Plakat

poster

Radio

radio

Notatnik

bloknot

Odkurzacz

laspirater

Kaktus

kaktis

Świeczka

labouzi

Kuchnia
lakwizinn

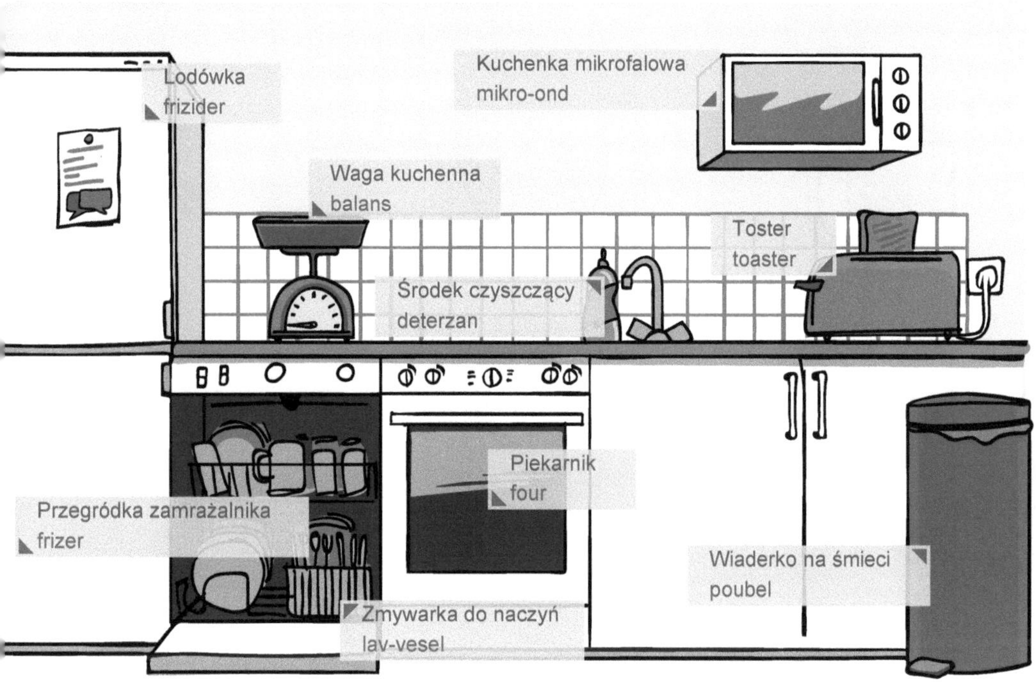

Lodówka
frizider
Kuchenka mikrofalowa
mikro-ond
Waga kuchenna
balans
Toster
toaster
Środek czyszczący
deterzan
Piekarnik
four
Przegródka zamrażalnika
frizer
Wiaderko na śmieci
poubel
Zmywarka do naczyń
lav-vesel

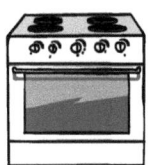

Kuchenka

four

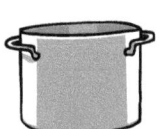

Garnek

kasrol

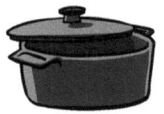

Kocioł żeliwny

marmit

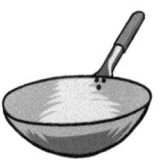

Wok / Kadai

wok

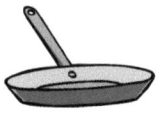

Patelnia

pwal

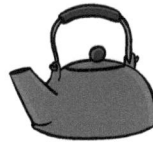

Czajnik

boulwar

Parowar

steamer

Blacha do pieczenia

plak kwison

Naczynia kuchenne

vesel

Kubek

goble

Miska

bol

Pałeczki

baget sinwa

Nabierka

lous

Łopatka do smażenia

spatil

Trzepaczka do śmietany

fwet

Cedzak

paswar

Sitko

tami

Tarka

larap

Moździerz

mortie

Grillowanie

griyad

Palenisko

lasemine

Deska

biyo

Wałek do ciasta

roulo

Korkociąg

tirbouson

Puszka

bwat konserv

Otwieracz do puszek

ouvbwat

Ściereczka do trzymania garnka

legan proteksion

Umywalka

lavabo

Szczotka

bros

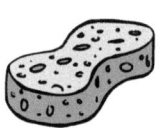

Gąbka

leponz

Mikser

blender

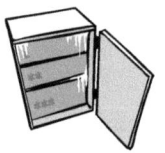

Zamrażarka

konzelater

Butelka dla niemowlęcia

bibron

Kran

robine

Łazienka
saldebin

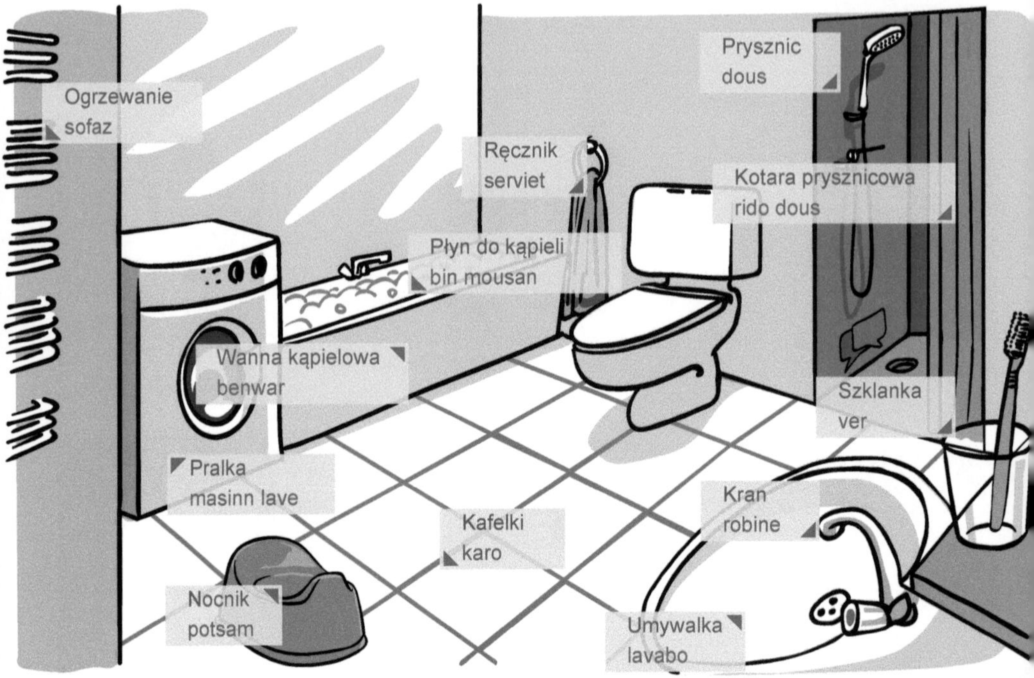

Ogrzewanie
sofaz
Ręcznik
serviet
Prysznic
dous
Kotara prysznicowa
rido dous
Płyn do kąpieli
bin mousan
Wanna kąpielowa
benwar
Szklanka
ver
Pralka
masinn lave
Kran
robine
Kafelki
karo
Nocnik
potsam
Umywalka
lavabo

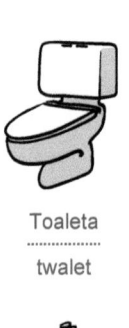

Toaleta
twalet

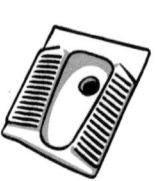

Toaleta kuczna
twalet

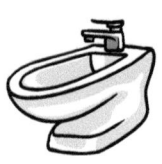

Bidet
bide

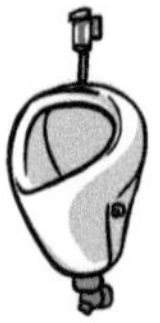
Pisuar
piswar

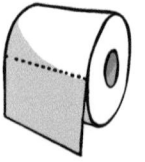

Papier toaletowy
papie twalet

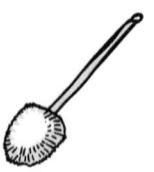

Szczotka toaletowa
bros twalet

Szczoteczka do zębów

bros ledan

Pasta do zębów

dantifris

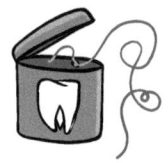

Nitki do czyszczenia zębów

fil danter

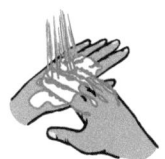

myć

lave

Głowica prysznicowa

ti-bin

Płyn kąpielowy do higieny intymnej

dous

Miska do mycia

basin

Szczotka kąpielowa

bros ledo

Mydło

savon

Żel prysznicowy

zel dous

Szampon

sanpwin

Rękawica kąpielowa

gandebin

Odpływ

drin

Krem

lakrem

Dezodorant

deodoran

Lustro

mirwar

Lustro kosmetyczne

mirwar

Golarka

razwar

Pianka do golenia

lamous pou raze

Woda po goleniu

apre-razaz

Grzebień

pengn

Szczotka

bros

Suszarka do włosów

seswar

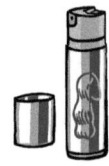

Spray do włosów

lak

Makijaż

makiyaz

Pomadka

dirouz

Lakier do paznokci

verni

Wata

cotton wool

Nożyczki do paznokci

tay-zong

Perfum

parfin

Kosmetyczka

trous twalet

Taboret

stoul

Waga

balans

Szlafrok kąpielowy

penwar

Rękawice gumowe

legan netwayaz

Tampon

tanpon

Podpaska damska

serviet izienik

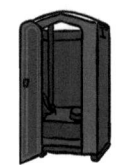

Toaleta chemiczna

twalet simik

Pokój dziecięcy
lasam zanfan

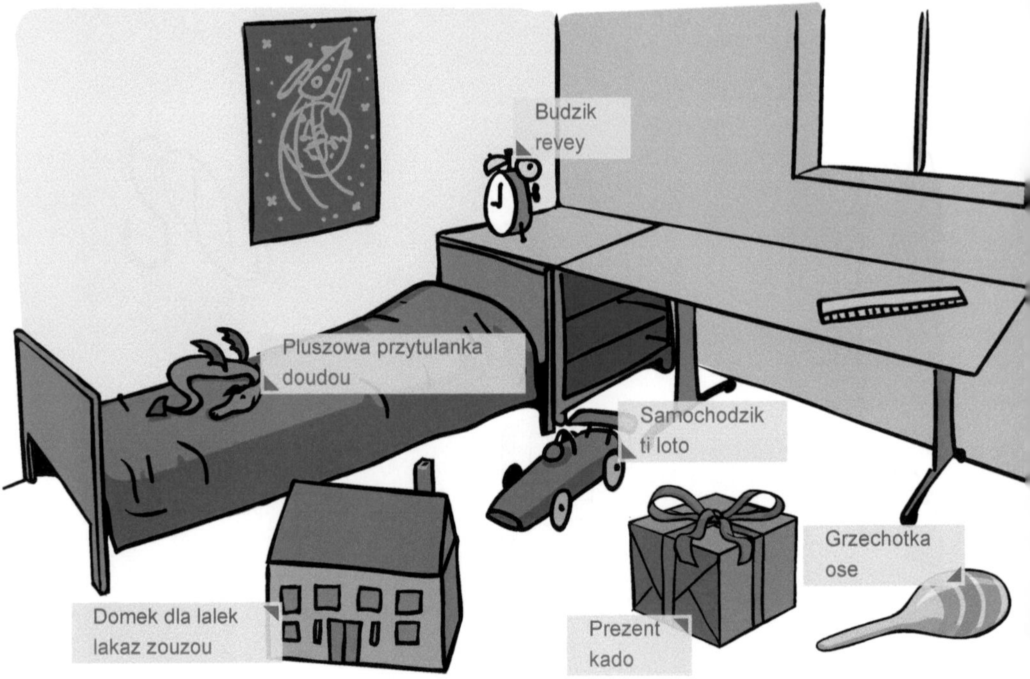
Budzik
revey
Pluszowa przytulanka
doudou
Samochodzik
ti loto
Grzechotka
ose
Domek dla lalek
lakaz zouzou
Prezent
kado

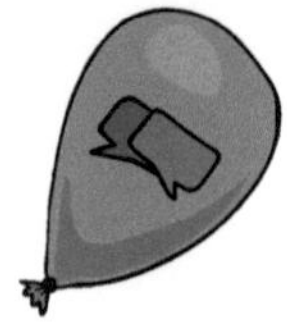

Balon

balon

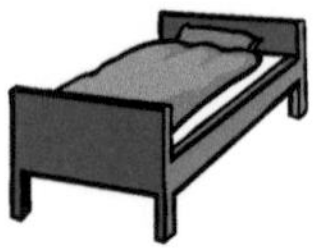

Łóżko

lili

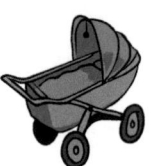

Wózek dziecięcy

pouset

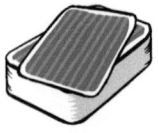

Gra w karty

kart

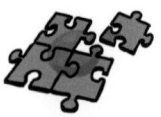

Puzzle

puzzle

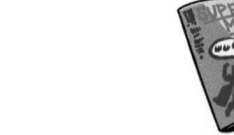

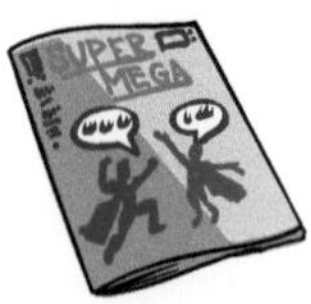

Komiks

tikomik

Klocki lego

lego

Klocki

lego

Action figura

figirinn

Śpioszek dziecięcy

grenouyer

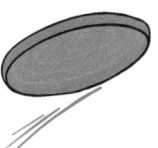

Frisbee

frisbee

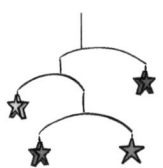

Zabawki ruchome

mobil

Gra planszowa

zwe

Kości

lede

Kolejka elektryczna

trin zouzou

Smoczek

siset

Przyjęcie

fet

Książka z ilustracjami

liv ek zimaz

Piłka

boul

Lalka

poupet

bawić się

zwe

Piaskownica

bak-a-sab

Huśtawka

balanswar

Zabawki

zouzou

Konsola do gier

game

Rowerek trójkołowy

trisik

Pluszowy miś

nounours

Szafa ubraniowa

larmwar

Ubiór

linz

Skarpety

soset

Pończochy

leba

Rajstopy

kolan

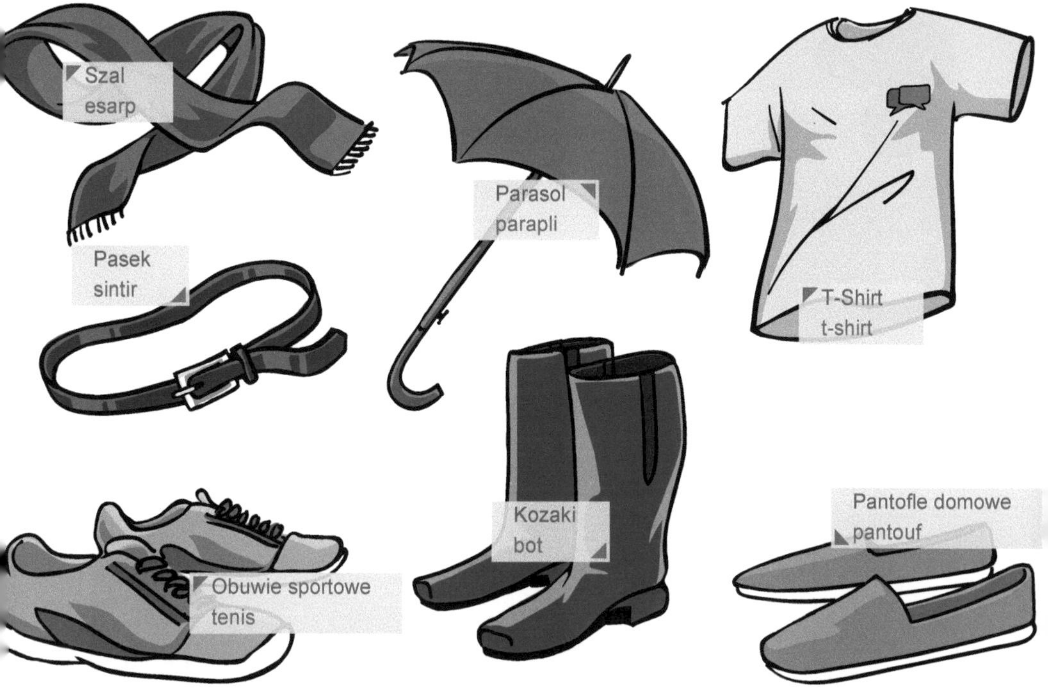

Szal
esarp

Parasol
parapli

T-Shirt
t-shirt

Pasek
sintir

Kozaki
bot

Pantofle domowe
pantouf

Obuwie sportowe
tenis

Sandały
....
sandalet

Buty
....
soulie

Kalosze
....
bot an karotsou

Majtki
....
souvetman

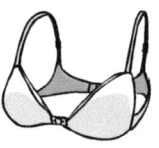

Biustonosz
....
soutiengorz

Podkoszulek
....
vest

Body
....
body

Spodnie
....
pantalon

Dżins
....
jeans

Spódnica
....
zip

Bluzka
....
blouz

Koszula
....
simiz

Pulower
....
pull-over

Bluza sportowa
....
blouzon ek kapison

Marynarka
....
vest

Kurtka
....
jaket

Płaszcz
....
manto

Płaszcz przeciwdeszczowy
....
pardesi

Kostium
....
kostim

Sukienka
....
rob

Suknia ślubna
....
rob lamarye

Garnitur męski

kostim

Koszula nocna

robdesam

Piżama

pizama

Sari

sari

Chusta na głowę

foular

Turban

tirban

Burka

bourka

Kaftan

kaftan

Abaya

abaya

Strój kąpielowy

mayo de bin

Kąpielówki

mayo de bin

Krótkie spodnie

sorti de sekour

Dres sportowy

linz spor

Fartuch

tabliye

Rękawiczki

legan

Guzik

bouton

Okulary

linet

Bransoletka

brasle

Łańcuszek

kolie

Pierścionek

bag

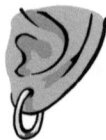

Kolczyk

zanon

Czapka

bone

Wieszak

sint

Kapelusz

sapo

Krawat

kravat

Zamek błyskawiczny

fermetirekler

Kask

elmet

Szelki

bretel

Mundurek szkolny

iniform lekol

Mundur

iniform

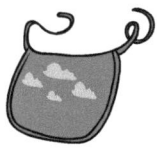

Śliniaczek
bavwar

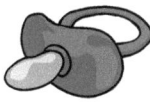

Smoczek
siset

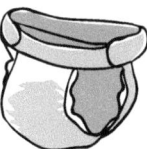

Pieluszka
lanz

Biuro
biro

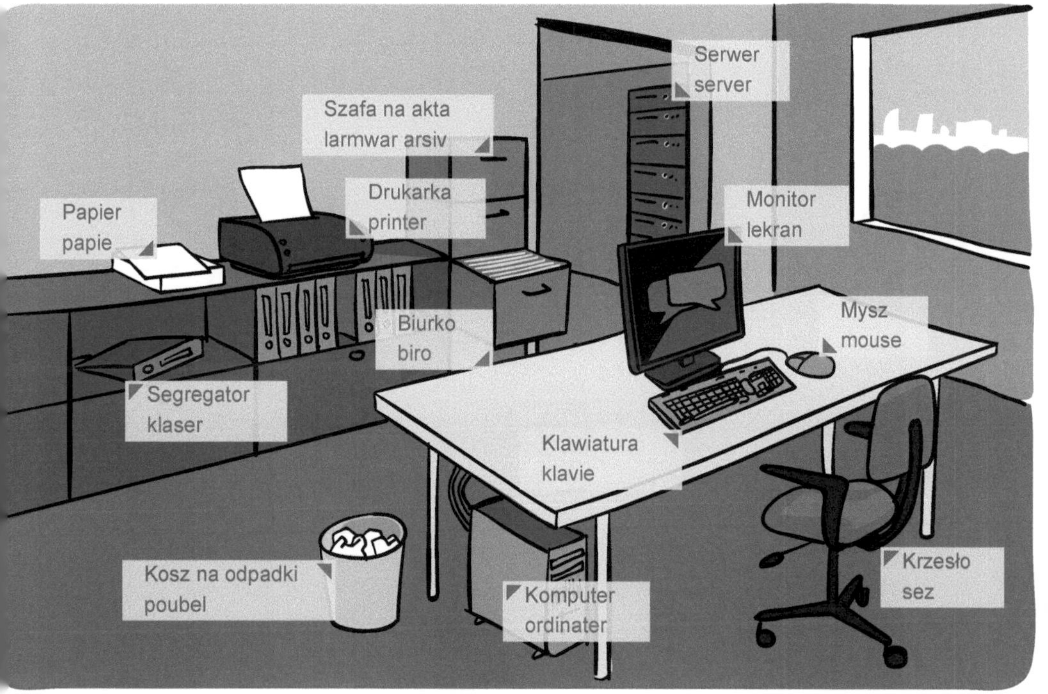

Serwer
server
Szafa na akta
larmwar arsiv
Drukarka
printer
Papier
papie
Monitor
lekran
Mysz
mouse
Biurko
biro
Segregator
klaser
Klawiatura
klavie
Kosz na odpadki
poubel
Komputer
ordinater
Krzesło
sez

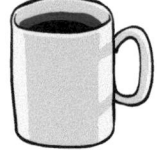

Filiżanka do kawy
mug

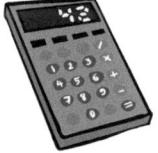

Kalkulator
kalkilatris

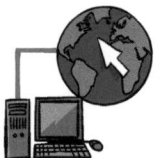

Internet
internet

Laptop

laptop

List

let

Wiadomość

mesaz

Komórka

portab

Sieć

rezo

Kopiarka

fotokopi

Oprogramowanie

lozisiel

Telefon

telefonn

Gniazdko

priz

Faks

fax

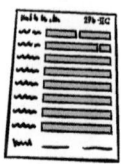

Formularz

form

Dokument

dokiman

kupić

aste

płacić

peye

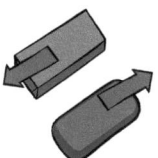

postępować

fer biznes

Pieniądze

larzan

Dolar

dolar

Euro

euro

Jen

yen

Rubel

rouble

Frank

fran swis

Juan Renminbi

renminbi yuan

Rupia

roupi

Bankomat

distribiter biye

Kantor wymiany walut

biro sanz

Złoto

lor

Srebro

larzan

Olej

petrol

Energia

lenerzi

Cena

pri

Umowa

kontra

Podatek

tax

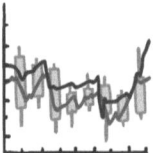

Akcja

aksion

pracować

travay

Pracownik umysłowy

anplwaye

Pracodawca

anplwayer

Fabryka

lizinn

Sklep

magazin

Policjant
polisie

Strażak
ponpie

Kucharz
kwizinie

Lekarz
dokter

Pilot
pilot

Ogrodnik

zardinie

Stolarz

sarpantie

Krawcowa

koutirier

Sędzia

ziz

Chemik

simis

Aktor

akter

Kierowca autobusu

sofer bis

Taksówkarz

sofer taxi

Fischer

peser

Sprzątaczka

bonn

Dekarz

zouvriye twa lakaz

Kelner

server

Myśliwy

saser

Malarz

pint

Piekarz

boulanze

Elektryk

elektrisien

Robotnik budowlany

zouvriye

Inżynier

inzenier

Rzeźnik

bouse

Instalator

plonbie

Listonosz

fakter

Żołnierz

solda

Architekt

arsitek

Kasjer

kesie

Florysta

fleris

Fryzjer

kwafez

Konduktor

chek

Mechanik

mekanisien

Kapitan

kapitenn

Dentysta

dantis

Naukowiec

siantis

Rabin

rabi

Imam

imam

Mnich

mwann

Proboszcz

pret

Narzędzia

zouti

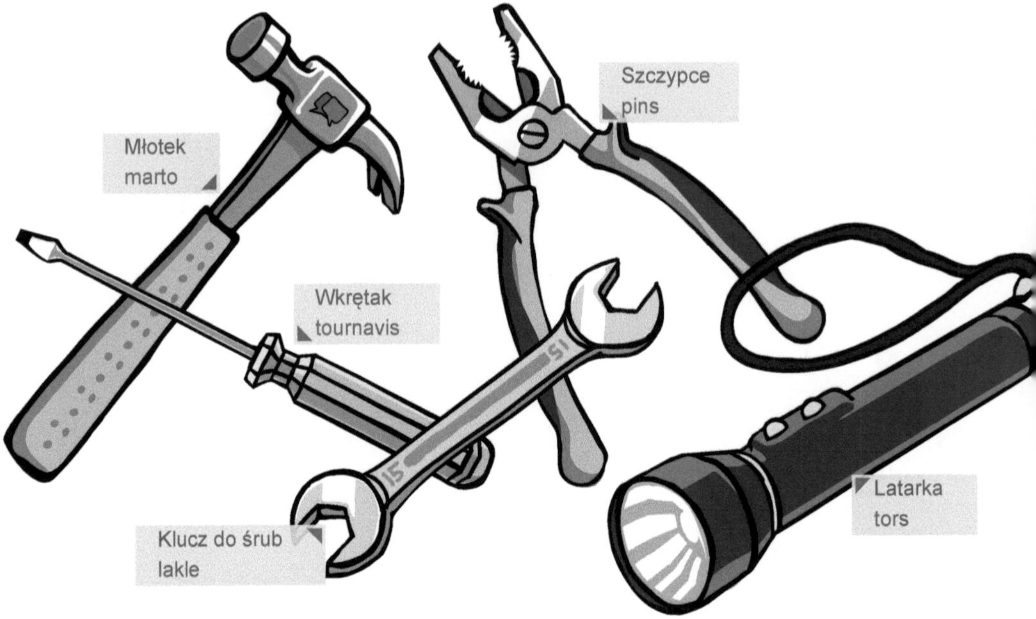

Szczypce
pins
Młotek
marto
Wkrętak
tournavis
Latarka
tors
Klucz do śrub
lakle

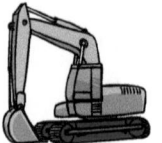

Koparka

peltez

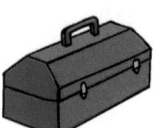

Skrzynka narzędziowa

bwat zouti

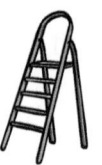

Drabina

lesel

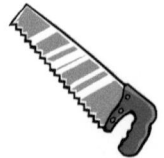

Piła

lasi

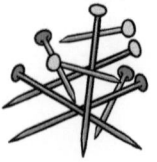

Gwoździe

koulou

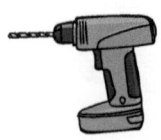

Wiertło

persez

naprawić
....
aranze

Łopatka
....
lapel

Cholera!
....
Ayo!

Szufelka
....
lapel

Puszka z farbą
....
po lapintir

Śruby
....
vis

Instrumenty muzyczne
instriman lamizik

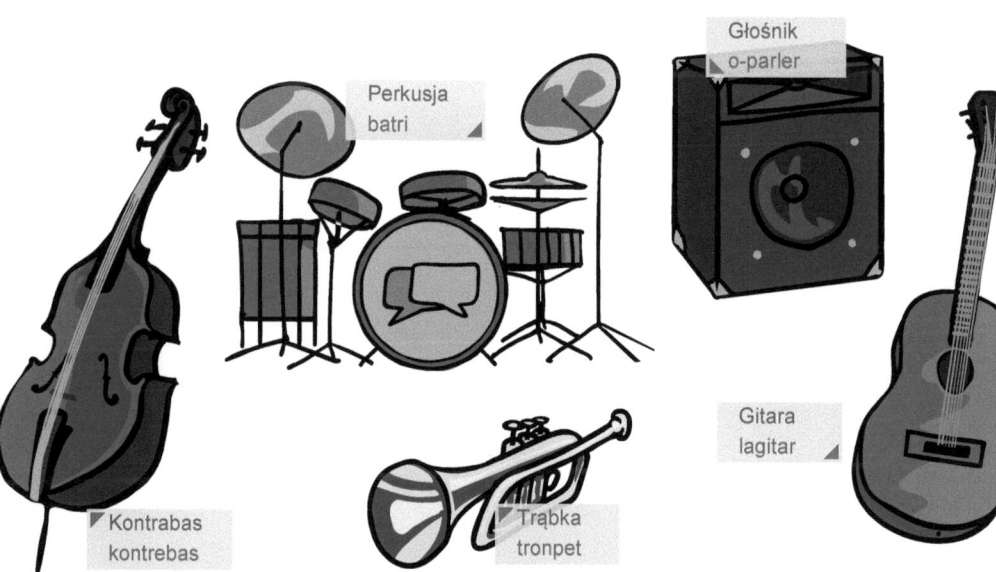

Perkusja
batri

Głośnik
o-parler

Kontrabas
kontrebas

Trąbka
tronpet

Gitara
lagitar

Pianino

piano

Skrzypce

violon

Bas

bas

Kotły

tinbal

Bęben

tanbour

Keyboard

klavie

Saksofon

saxofonn

Flet

laflit

Mikrofon

mikro

Zoo

zoo

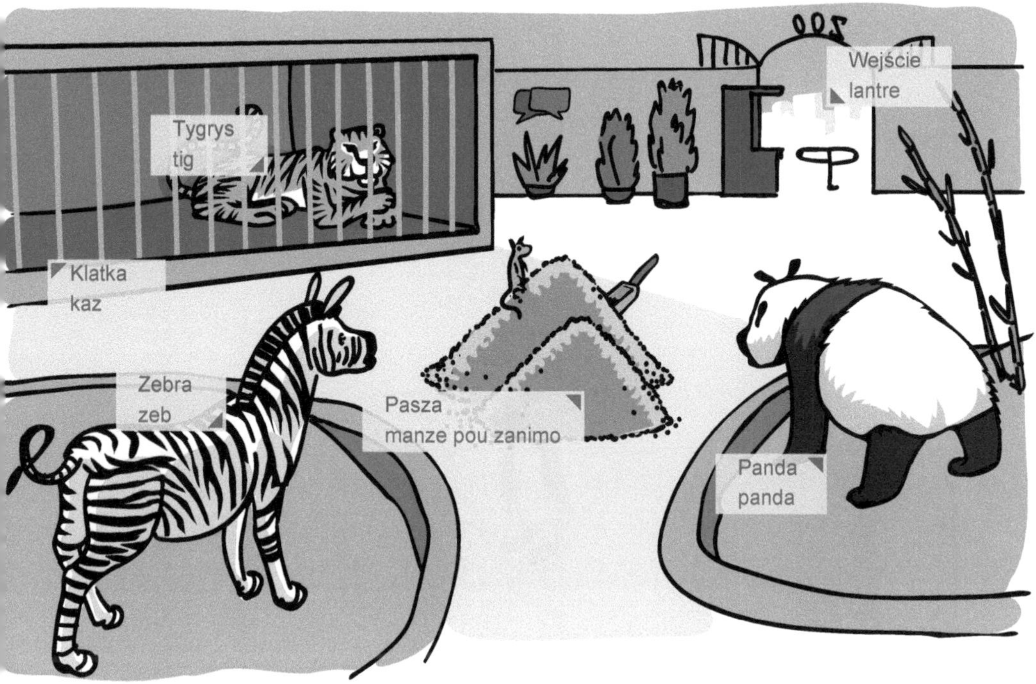

Wejście
lantre
Tygrys
tig
Klatka
kaz
Zebra
zeb
Pasza
manze pou zanimo
Panda
panda

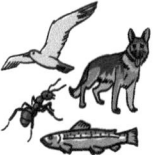

Zwierzęta

zanimo

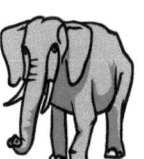

Słoń

lelefan

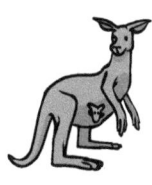

Kangur

kangourou

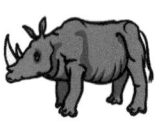

Nosorożec

rinoceros

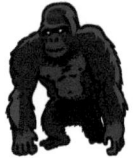

Goryl

gori

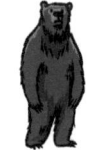

Niedźwiedź

lours

Wielbłąd

samo

Struś

lotris

Lew

lion

Małpa

zako

Fleming

flaman roz

Papuga

peroke

Niedźwiedź polarny

lours poler

Pingwin

pingwi

Rekin

rekin

Paw

pan

Wąż

serpan

Krokodyl

krokodil

Dozorca w zoo

gardien zoo

Foka

fok

Jaguar

zagwar

Kucyk

poney

Gepard

leopar

Hipopotam

ipopotam

Żyrafa

ziraf

Orzeł

leg

Dzik

sangliye

Ryba

pwason

Żółw

torti

Mors

mors

Lis

renar

Gazela

gazel

Futbol amerykański
foutborl ameriken

Kolarstwo
siklism

Tenis
tenis

Koszykówka
basketball

Pływanie
natasion

Boks
labox

Hokej na lodzie
oke lor gazon

Piłka nożna
foutborl

Badminton
badminton

Lekka atletyka
atletism

Piłka ręczna
handball

Narciarstwo
ski

Polo
polo

Działania
aktivite

śmiać się
riye
skakać
sote
objąć
maye
iść
marse
śpiewać
sante
marzyć
reve
modlić się
priye
całować
anbrase

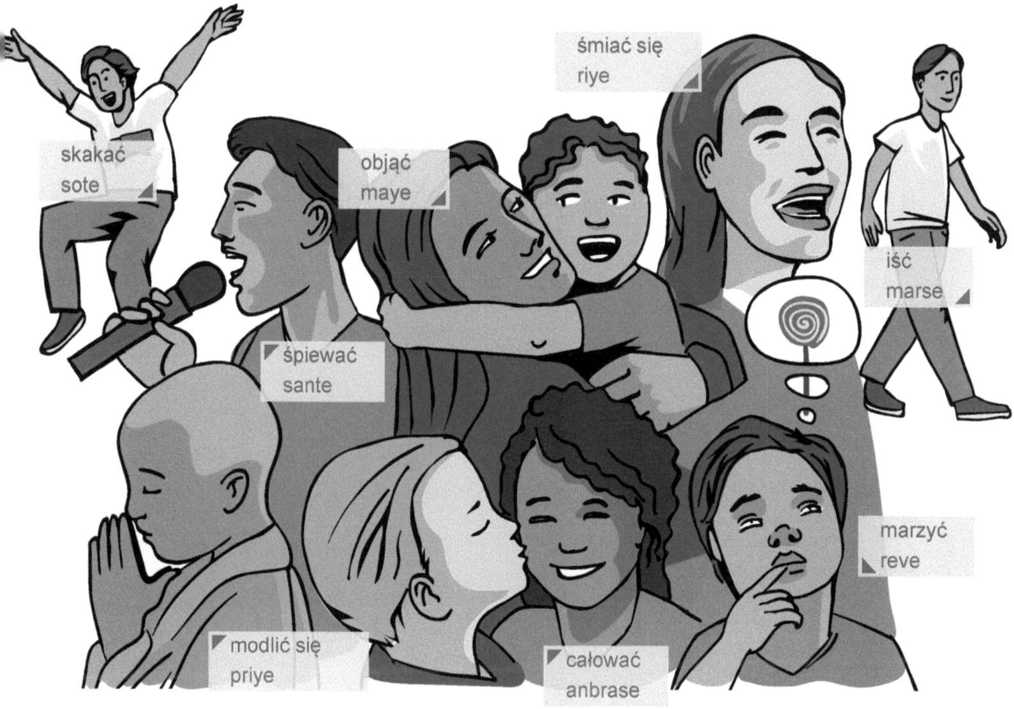

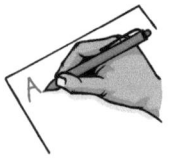

pisać
ekrir

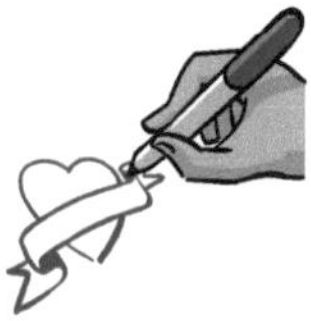

rysować
desine

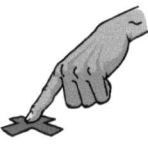

pokazywać
montre

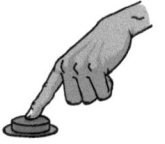

nacisnąć
pouse

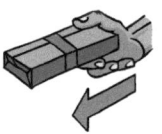

dać
done

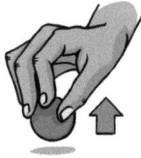

wziąć
pran

mieć
ena

robić
fer

być
ete

stać
diboute

biegać
galoupe

ciągnąć
rise

rzucać
zete

spaść
tonbe

leżeć
alonze

czekać
atann

nosić
amene

siedzieć
asize

zakładać
abiye

spać
dormi

budzić się
leve

spojrzeć
....
gete

płakać
....
plore

głaskać
....
karese

czesać się
....
pengne

mówić
....
koze

rozumieć
....
konpran

pytać
....
dimande

słyszeć
....
ekoute

pić
....
bwar

jeść
....
manze

sprzątać
....
netwaye

kochać
....
kontan

gotować
....
kwi

jechać
....
kondir

latać
....
anvole

żeglować

fer lavwal

liczyć

kalkile

czytać

lir

uczyć się

aprann

pracować

travay

wejść w związek małżeński

marye

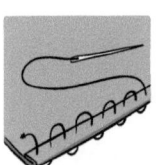

szyć

koud

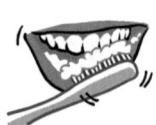

myć zęby

bros ledan

zabić

touye

palić tytoń

fime

wysłać

avoye

Rodzina
fami

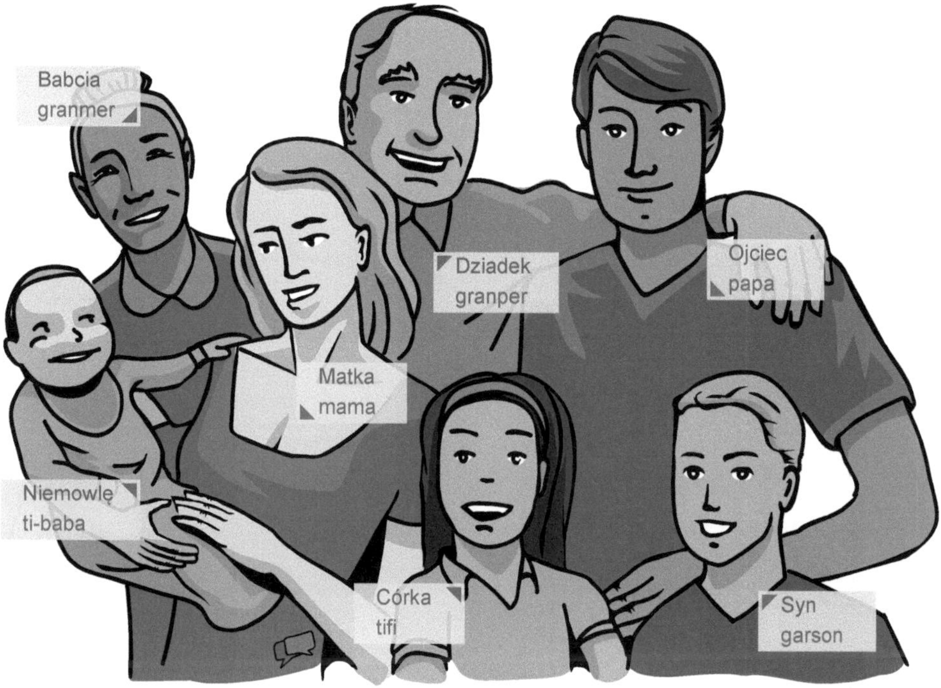
Babcia
granmer
Dziadek
granper
Ojciec
papa
Matka
mama
Niemowlę
ti-baba
Córka
tifi
Syn
garson

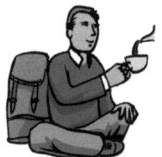

Gość

ot

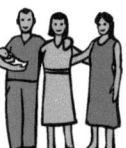

Ciotka

matant

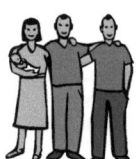

Wujek

tonton

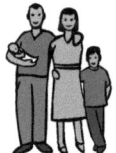

Brat

frer

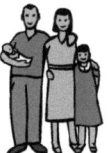

Siostra

ser

Ciało
lekor

Czoło
fron
Oko
lizie
Ramię
zepol
Palec
ledwa
Twarz
figir
Broda
manton
Ręka
lame
Noga
lazam
Pierś
tete
Ramię
lebra

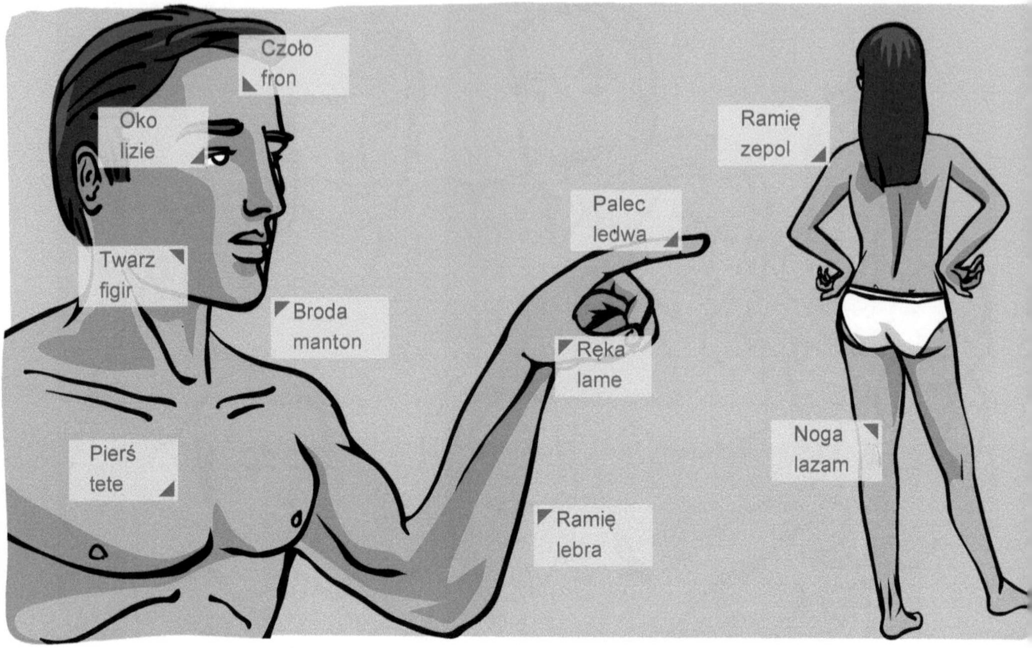

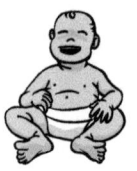

Niemowlę
ti-baba

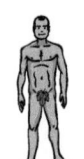

Mężczyzna
zom

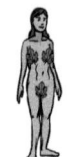

Kobieta
fam

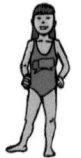

Dziewczyna
tifi

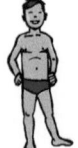

Chłopiec
ti-garson

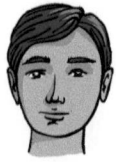

Głowa
latet

Plecy

ledo

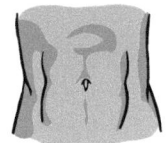

Brzuch

vant

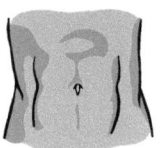

Pępek

lonbri

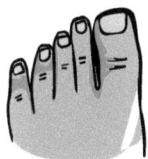

palec nogi

zortey

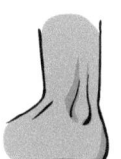

Pięta

talon

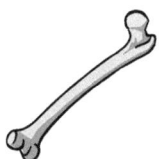

Kość

lezo

Biodro

laans

Kolano

zenou

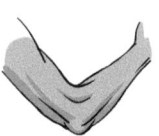

Łokieć

koud

Nos

nene

Pośladki

fes

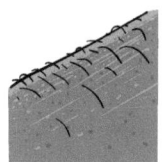

Skóra

lapo

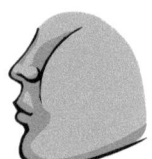

Policzek

lazou

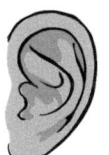

Uszy

zorey

Warga

lalev

Usta

labous

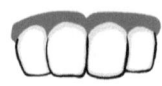

Ząb

ledan

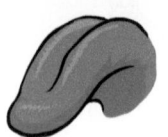

Język

lalang

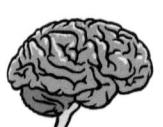

Mózg

servo

Serce

leker

Mięsień

mix

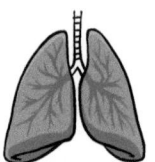

Płuca

poumon

Wątroba

lefwa

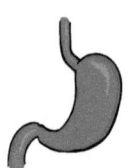

Żołądek

lestoma

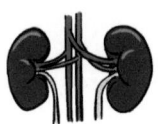

Nerki

lerin

Stosunek płciowy

sex

Kondom

kapot

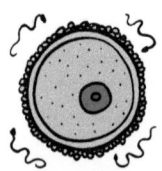

Komórka jajowa

ovil

Sperma

sperm

Ciąża

groses

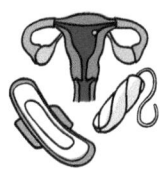

Menstruacja

period

Wagina

vazin

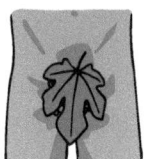

Penis

penis

Brew

soursi

Włosy

seve

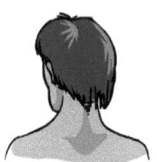

Szyja

likou

Szpital
lopital

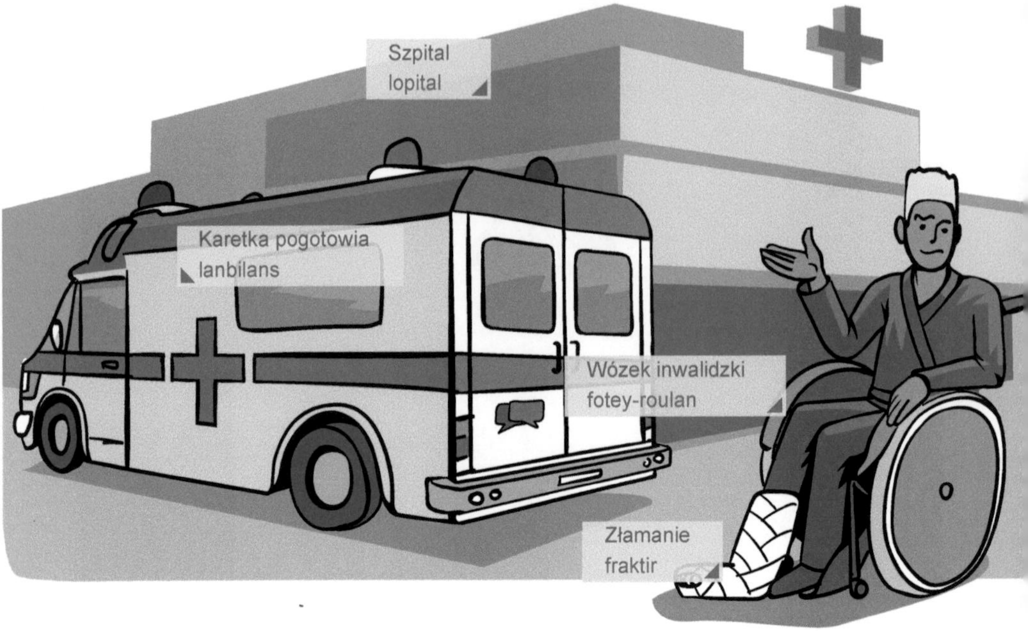

Szpital
lopital
Karetka pogotowia
lanbilans
Wózek inwalidzki
fotey-roulan
Złamanie
fraktir

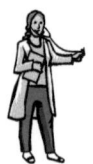

Lekarz

dokter

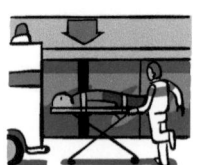

Izba przyjęć

servis irzans

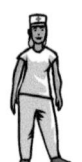

Pielęgniarka

ners

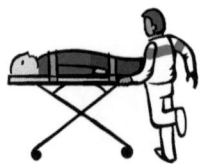

Nagły przypadek

irzans

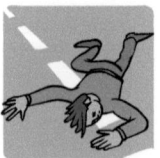

nieprzytomny

inkonsian

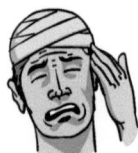

Ból

douler

Skaleczenie

blesir

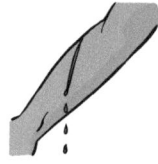

Krwawienie

emorazi

Zawał serca

kriz kardiak

Udar mózgu

atak serebral

Alergia

alerzik

Kaszleć

touse

Gorączka

lafiev

Grypa

lagrip

Biegunka

diare

Ból głowy

malad latet

Rak

kanser

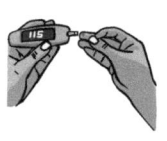

Cukrzyca

diabet

Chirurg

sirirzien

Skalpel

skalpel

Operacja

operasion

CT

CT

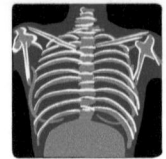

Rentgen

x-ray

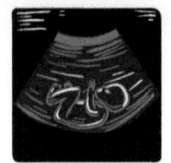

Ultradźwięki

iltrason

Maska

mask

Choroba

maladi

Poczekalnia

sal-datant

Kula

beki

Plaster

pansman

Opatrunek

bandaz

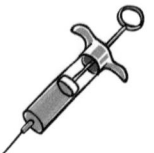

Iniekcja

inzeksion

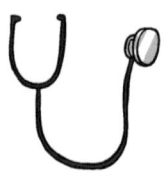

Stetoskop

stetoskop

Nosze

brankar

Termometr

termomet

Poród

nesans

Nadwaga

sirpwa

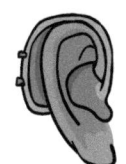

Aparat słuchowy

laparey oditif

Środek dezynfekcyjny

dezinfektan

Infekcja

infeksion

Wirus

viris

HIV / AIDS

HIV / SIDA

Medycyna

medsinn

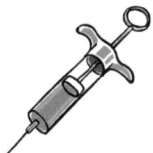

Szczepienie

vaksinasion

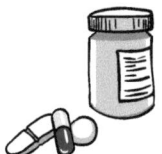

Tabletki

konprime

Pigułka

pilil kontraseptif

Telefon ratunkowy

korl irzans

Ciśnieniomierz krwi

laparey tansion

chory / zdrowy

malad / bien

Pomocy!

o-sekour

Alarm

alarm

Napad

atak

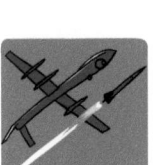

Atak

atak

Niebezpieczeństwo

danze

Wyjście awaryjne

sorti de sekour

Pożar!

Dife!

Gaśnica

laponp dife

Wypadek

aksidan

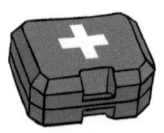

Walizeczka pierwszej pomocy
kit first aid

SOS

SOS

Policja

lapolis

Europa

Ierop

Ameryka Północna

Lamerik di nor

Ameryka Południowa

Lamerik di sid

Afryka

Iafrik

Azja

Iazi

Australia

Iostrali

Atlantyk

Iatlantik

Pacyfik

pasifik

Ocean Indyjski

Iosean indien

Ocean Antarktyczny

Iosean antartik

Ocean Arktyczny

Iosean artik

Biegun północny

Pol Nor

Biegun południowy

Pol Sid

Antarktyda

Iantartik

Ziemia

later

Kraj

later

Morze

lamer

Wyspa

zil

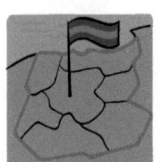

Naród

nasion

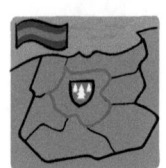

Państwo

leta

Cyferblat

kadran

Wskazówka godzinowa

zegwi ler

Wskazówka minutowa

zegwi minit

Wskazówka sekundowa

zegwi segonn

Która godzina?

ki ler la ?

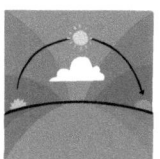

Dzień

zour

Czas

letan

teraz

aster-la

Zegarek digitalny

mont dizital

Minuta

minit

Godzina

ler

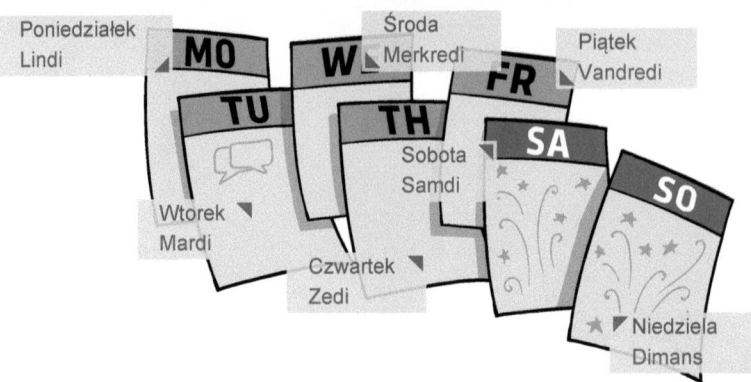

Poniedziałek
Lindi

Środa
Merkredi

Piątek
Vandredi

Wtorek
Mardi

Sobota
Samdi

Czwartek
Zedi

Niedziela
Dimans

wczoraj

yer

dzisiaj

zordi

jutro

demin

Rano

gramatin

Południe

midi

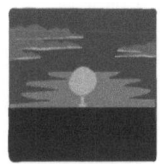

Wieczór

aswar

Dni robocze

zour travay

Weekend

wikenn

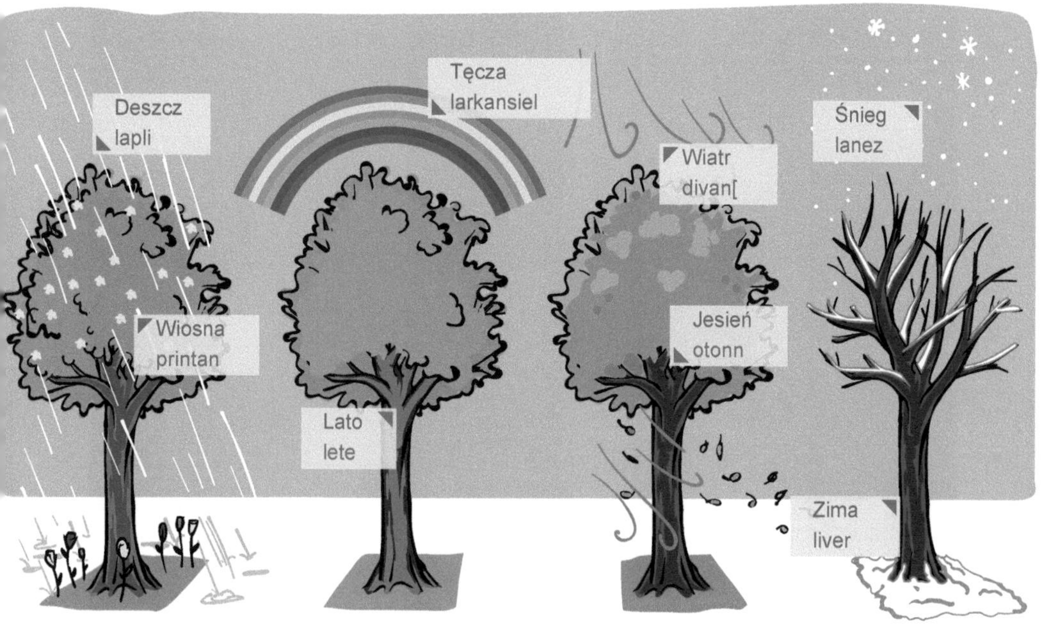

Deszcz
lapli
Tęcza
larkansiel
Wiatr
divan[
Śnieg
lanez
Wiosna
printan
Jesień
otonn
Lato
lete
Zima
liver

4.APRIL 11°
5.APRIL 4°
6.APRIL 13°
7.APRIL 8°
8.APRIL 10°

Prognoza pogody

meteo

F
C
120
90
60
30
0
-30
40
30
20
10
0
-10
-20

Termometr

termomet

Światło słoneczne

lalimier soley

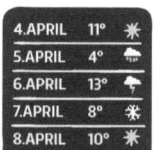

Chmura

niaz

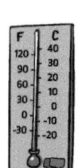

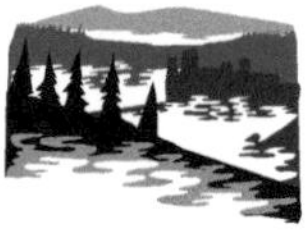

Mgła

brouyar

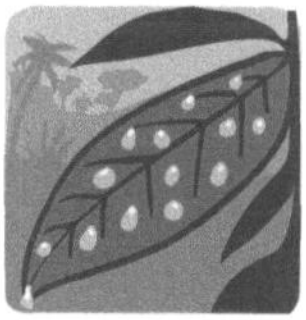

Wilgotność powietrza

limidite

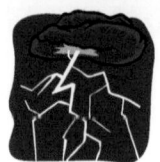

Błyskawica

lafoud

Grzmot

toner

Sztorm

tanpet

Grad

lagrel

Monsun

mouson

Potop

inondasion

Lód

laglas

Styczeń

Zanvie

Luty

Fevriye

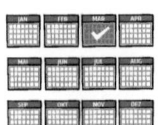

Marzec

Mars

Kwiecień

Avril

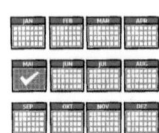

Maj

Me

Czerwiec

Zien

Lipiec

Zilie

Sierpień

Out

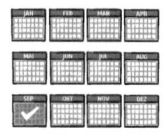

Wrzesień
....
Septam

Październik
....
Oktob

Listopad
....
Novam

Grudzień
....
Desam

Koło
....
ron

Kwadrat
....
kare

Prostokąt
....
rektang

Trójkąt
....
triang

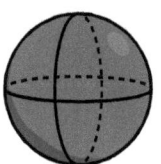

Kula
....
sfer

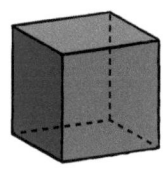

Sześcian
....
kib

Kolory

bann kouler

biały

blan

żółty

zonn

pomarańczowy

oranz

różowy

roz

czerwony

rouz

liliowy

mov

niebieski

ble

zielony

ver

brązowy

maron

szary

gri

czarny

nwar

dużo / mało

boukou / enn tigit

wściekły / spokojny

ankoler / kalm

piękny / brzydki

zoli / vilin

początek / koniec

koumansman / lafin

duży / mały

gro / tipti

jasny / ciemny

kler / obskirite

brat / siostra

frer / ser

czysty / brudny

prop / sal

kompletny / niekompletny

konple / inkonple

dzień / noc

lizour / lanwit

umarły / żywy

vivan / mor

szeroki / wąski

larz / sere

jadalny / niejadalny

komestib / inkomestib

zły / uprzejmy

move / bon

podniecony / znudzony

exsite / agase

gruby / chudy

gra / mins

najpierw / na końcu

premie / dernie

przyjaciel / wróg

kamwad / lennmi

pełen / pusty

ranpli / vid

twardy / miękki

dir / mou

ciężki / lekki

lour / leze

głód / pragnienie

fin / swaf

chory / zdrowy

malad / bien

nielegalny / legalny

ilegal / legal

inteligentny / głupi

intelizan / kouyon

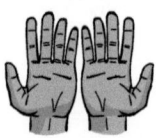

lewo / prawo

gos / drwat

bliski / daleki

pre / lwin

nowy / używany

nouvo / ize

nic / coś

nanye / kiksoz

stary / młody

vie / zenn

włącz / wyłącz

demare / arete

otwarty / zamknięty

ouver / ferme

cichy / głośny

trankil / for

bogaty / biedny

ris / pov

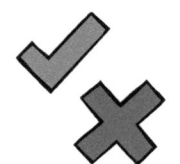

prawidłowy / błędny

bon / move

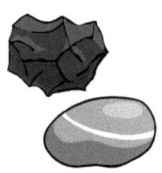

chropowaty / gładki

brit / lis

smutny / szczęśliwy

tris / zwaye

krótki / długi

kourt / long

powolny / szybki

lan / rapid

mokry/suchy

tranpe / sek

ciepły / chłodny

so / fre

wojna / pokój

lager / lape

0	**1**	**2**
zero	jeden	dwa
zero	enn	de

3	**4**	**5**
trzy	cztery	pięć
trwa	kat	sink

6	**7**	**8**
sześć	siedem	osiem
sis	set	wit

9	**10**	**11**
dziewięć	dziesięć	jedenaście
nef	distribiter biye	onz

12

dwanaście

douz

13

trzynaście

trez

14

czternaście

katorz

15

piętnaście

kinz

16

szesnaście

sez

17

siedemnaście

diset

18

osiemnaście

dizwit

19

dziewiętnaście

diznef

20

dwadzieścia

vin

100

sto

san

1.000

tysiąc

mil

1.000.000

milion

milyon

Angielski

Angle

Angielski amerykański

Angle Lamerik

Chiński mandaryński

Mandarin Sinwa

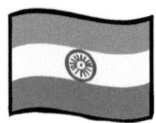

Hindi

Hindi

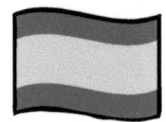

Hiszpański

espagnol

Francuski

Franse

Arabski

Arab

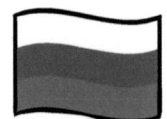

Rosyjski

Ris

Portugalski

Portige

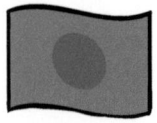

Bengalski

Bengali

Niemiecki

Alman

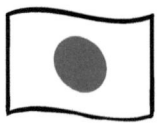

Japoński

Zapone

ja

mo

ty

to

on / ona / ono

li

my

nou

wy

ou

oni

zot

kto?

kisana?

co?

kiete?

jak?

kouma?

gdzie?

kotsa?

kiedy?

kan?

Nazwisko

nom

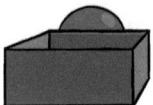

za

deryer

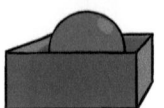

w

dan

przed

devan

powyżej

lor

na

lor

pod

anba

obok

akote

między

ant

Miejsce

plas